ENCUENTROS

¡Apúntate! 3

Método de español

Grammatikheft

Cornelsen

¡HOLA!

Wir kennen uns schon aus **¡Apúntate! 1** und **2** – erinnerst du dich? Ich bin Don Grama, der Grammatikexperte! Und ich werde dich auch in diesem Schuljahr wieder durch das Grammatikheft begleiten.

Du findest zu jedem Thema spanische Beispielsätze und ein übersichtliches Schema zum Lernen der Regel. In der gelben Spalte auf der rechten Seite stehen die Erläuterungen auf Deutsch. Und ich gebe dir immer wieder mal Tipps oder weise dich auf Besonderheiten hin.

Damit du nicht vergisst, was du schon in **¡Apúntate! 1** und **2** gelernt hast, findest du auf manchen Seiten die grünen **¡Acuérdate!**-Kästen. Hier kannst du grammatische Themen aus den letzten Schuljahren auffrischen. Diese Kästen erscheinen immer dann, wenn es eine Verbindung zu dem neu gelernten Stoff gibt. Wenn du z. B. gerade einen neuen Begleiter gelernt hast, findest du im **¡Acuérdate!**-Kasten die Begleiter, die du schon aus **¡Apúntate! 1** und **2** kennst.

¡Acuérdate!
Du kennst schon Begleiter, mit denen Mengen angegeben werden: **mucho/-a**, **poco/-a** und **bastante**:

	♂	♀
Singular	mucho arroz poco tiempo bastante trabajo	mucha gente poca sed bastante comida
Plural	muchos libros pocos conejos bastantes niños	muchas películas pocas hamburguesas bastantes mujeres

Die blauen Kästen am Ende eines jeden Paragrafen kennst du auch schon aus **¡Apúntate! 1** und **2**. Sie enthalten kurze Übungen zu dem jeweiligen Thema. So kannst du testen, ob du den neuen Grammatikstoff richtig verstanden hast. Damit du gleich selbst überprüfen kannst, ob du alles richtig gemacht hast, stehen die Lösungen direkt darunter.

Bilde die Formen des **pretérito imperfecto**:
1. cantar (yo) 3. ver (él) 5. buscar (ellas) 7. tener (yo) 9. cerrar (nosotras)
2. salir (nosotros) 4. ser (tú) 6. querer (vosotras) 8. jugar (ellos) 10. ir (ella)

Soluciones: 1. cantaba 2. salíamos 3. veía 4. eras 5. buscaban 6. queríais 7. tenía 8. jugaban 9. cerrábamos 10. iba

Im Inhaltsverzeichnis auf den Seiten 3 bis 4 kannst du nachschlagen, welche Themen in den einzelnen **Unidades** behandelt werden. Wenn du gezielt nach einem bestimmten Begriff suchst, dann schaue im Index auf S. 46/47 nach. Dort findest du eine Liste mit den grammatischen Begriffen, die in diesem Heft auftauchen. Die Seitenzahlen dahinter zeigen dir die Fundstelle an.

INDEX | Índice

Viel Spaß beim Stöbern und Lernen!

¡Nos vemos!

1 DE REGRESO EN MADRID

2 ¡DESCUBRE MADRID!

3 LA VIDA EN CASA

4 MÉXICO LINDO

5 LA COMUNICACIÓN

6 ESO… ¿QUÉ SIGNIFICA ESO?

7 ANDALUCÍA - ¡NO TE LO PIERDAS!

8 DONDE CRECE EL PLÁTANO

ANEXO

DE REGRESO EN MADRID

1 Der Artikel lo | El artículo lo

Der Artikel **lo** steht entweder vor einem Adjektiv in der Grundform oder im Superlativ. Im Spanischen wird immer die männliche Form im Singular verwendet.
Im Deutschen gibt man diese Konstruktion mit z. B. „*das* Schöne" bzw. „*das* Schönste" wieder.

Las clases de Mates son interesantes, pero **lo** mal**o** son los exámenes.

Para mí, **lo** más bonit**o** es tomar un helado en la playa.

Lo peor del cole son los deberes.

Übersetze:

1. Das Schwierige in der Schule sind die Prüfungen.
2. Das Schöne am Winter ist der Schnee.
3. Das Beste am Geburtstag sind die Geschenke.
4. Das Gute ist nicht immer teuer.

Soluciones: 1. Lo difícil en el colegio son los exámenes. 2. Lo bonito del invierno es la nieve. 3. Lo mejor del cumpleaños son los regalos. 4. Lo bueno no es siempre caro.

2 Das Pronomen lo | El pronombre lo

Mit dem Pronomen **lo** kannst du einen schon erwähnten (Neben-)Satz ersetzen, wenn du dich noch einmal auf ihn beziehst.
Für die Stellung des Pronomens **lo** gelten dieselben Regeln wie für die Objektpronomen: es steht *vor* dem konjugierten Verb. Bei Modalverben + Infinitiv und **estar + gerundio** kann es auch angehängt werden (achte dann bei **estar + gerundio** auf den Akzent).

Mañana es mi cumpleaños. ¿**Lo** sabes?

¿Elena va a hablar en la radio? ¡No **lo** puedo creer! / ¡No puedo creer**lo**!

Es difícil sacar un notable en Tecnología. Ahora **lo** estoy comprendiendo. / Ahora estoy comprendiéndo**lo**.

¡Acuérdate!
Du kennst schon das direkte Objektpronomen **lo**. Mit diesem kannst du aber nur ein direktes Objekt und keinen ganzen (Neben-)Satz ersetzen.

Estoy buscando mi libro. ¿**Lo** has visto?

No quiero comer este pastel. ¡Cóme**lo** tú, por favor!

Ersetze den Nebensatz durch **lo**:

1. El profe no sabe que Paco no tiene los deberes.
2. Maribel ha visto que no hay nada en la nevera.
3. Pablo no puede saber que mañana no hay clases.

Soluciones: 1. El profe no lo sabe. 2. Maribel lo ha visto. 3. Pablo no lo puede saber. / Pablo no puede saberlo.

3 Die Relativpronomen el que / la que und donde | Los pronombres relativos el que / la que y donde

3.1 El que und la que mit Präposition | El que y la que con preposición

Wenn das Verb (Prädikat) im Relativsatz mit einer Präposition verwendet wird (in der Sprechblase z. B. **pasar *con***), so wird der Relativsatz mit dieser Präposition eingeleitet. Dann folgt das Objektpronomen (hier: **los**), das für das Bezugswort (hier: **los chicos**) steht. Danach folgt das Relativpronomen **que** und dann der Rest des Relativsatzes.

Allí hay un cine. Puedes ver la película «Vicky, Cristina, Barcelona» **en** el cine.
→ Allí hay un cine **en el que** puedes ver la película «Vicky, Cristina, Barcelona».
*(…, **in dem**…)*

Hoy hay un examen. Todos tenemos miedo **del** examen.
→ Hoy hay un examen **del que** todos tenemos miedo.
*(…, **vor der**…)*

Mañana hay una fiesta. Todos mis amigos van **a** la fiesta.
→ Mañana hay una fiesta **a la que** van todos mis amigos.
*(…, **zu der**…)*

Estas son las calles de mi barrio. Voy todos los días **por** estas calles.
→ Estas son las calles de mi barrio **por las que** voy todos los días.
*(…, **durch die** …)*

¡Acuérdate!
Du kennst schon die Relativsätze mit dem Relativpronomen **que**:

Paco le escribe a su tío. Su tío vive en Alicante.
Paco le escribe a su tío **que** vive en Alicante. *Paco schreibt seinem Onkel, **der** in Alicante lebt.*

Verbinde die Sätze, indem du den zweiten zu einem Relativsatz umformst:

1. José es el chico nuevo. Te he hablado de José.
2. Ricote es un pueblo en Murcia. Vamos a pasar las vacaciones en Ricote.
3. Manuel y Sergio son mis amigos. Estoy buscando un regalo para Manuel y Sergio.
4. Allí hay una tienda bonita. Puedes encontrar un regalo en la tienda.

Soluciones: 1. José es el chico nuevo del que te he hablado. 2. Ricote es un pueblo en Murcia en el que vamos a pasar las vacaciones. 3. Manuel y Sergio son mis amigos para los que estoy buscando un regalo. 4. Allí hay una tienda bonita en la que puedes encontrar un regalo.

3.2 Das Relativpronomen **donde** | El pronombre relativo **donde**

¿Vamos a la heladería **donde** estuvimos la semana pasada?

He comprado los vaqueros en la tienda **donde** trabaja mi tía.

Almendralejo es la ciudad **donde** nació mi abuela.

Das Relativpronomen **donde** kann durch **en el que** bzw. **en la que** ersetzt werden und entspricht dem deutschen „wo".
Achte darauf, dass das Relativpronomen **donde** ohne Akzentzeichen geschrieben wird:
España es un país *donde* hace mucho sol.
Das Fragewort **¿dónde?** trägt dagegen auch im abhängigen Fragesatz ein Akzentzeichen:
No sé *dónde* están mis gafas.

Verwechsle nicht das Relativpronomen **donde** mit dem Fragewort **¿dónde?**!

Verbinde die folgenden Sätze mit dem Relativpronomen **donde**:

1. En el centro de mi pueblo hay una plaza. En la plaza siempre me encuentro con mis amigos.
2. En Madrid hay muchas casas enormes. En las casas vive mucha gente.
3. La Patagonia es una región. En la Patagonia hay muchos pingüinos.
4. Cáceres es una ciudad muy bonita. En Cáceres vive mi abuela.

Soluciones: 1. En el centro de mi pueblo hay una plaza donde siempre me encuentro con mis amigos. 2. En Madrid hay muchas casas enormes donde vive mucha gente. 3. La Patagonia es una región donde hay muchos pingüinos. 4. Cáceres es una ciudad muy bonita donde vive mi abuela.

4 Acabar de + Infinitiv | Acabar de + infinitivo

Mit der Konstruktion **acabar de** + *Infinitiv* kannst du ausdrücken, dass etwas gerade eben geschehen ist. Im Deutschen kann man diese Konstruktion mit „etwas gerade getan haben" wiedergeben.

Sí,	acabo de	levantarme.	
Hola, Esteban, ¿	acabas de	llegar	a la fiesta?
Diego	acaba de	terminar	sus deberes.
Gracias, no queremos nada,	acabamos de	comer.	
Chicos, ¿	acabáis de	llamarme?	
Julio y Laura	acaban de	salir	del cine.

Bilde Sätze mit **acabar de** + *Infinitiv*:

1. (*hacer / yo*) los deberes.
2. (*tomar / Elena*) un helado.
3. (*llamar / Diego y Juan*) a sus padres.
4. (*irse / Fátima*).
5. (*llegar / nosotros*) a la fiesta.
6. ¿(*salir / vosotras*) del teatro?
7. (*entrar / yo*).
8. ¿(*salir / tú*) de un examen?

Soluciones: 1. Acabo de hacer los deberes. 2. Elena acaba de tomar un helado. 3. Diego y Juan acaban de llamar a sus padres. 4. Fátima acaba de irse. 5. Acabamos de llegar a la fiesta. 6. ¿Acabáis de salir del teatro? 7. Acabo de entrar. 8. ¿Acabas de salir de un examen?

¡DESCUBRE MADRID!

5 Das Pronomen lo que im Relativsatz | El pronombre lo que en la frase relativa

Siempre digo **lo que** pienso.

Ahora vamos a comprar todo **lo que** necesitamos para la fiesta.

Lo que quiero hacer es dormir la siesta.

Mit dem Pronomen **lo que** kannst du einen Relativsatz einleiten, der sich nicht auf ein konkretes Bezugswort im Hauptsatz, sondern auf einen größeren, nicht genau benannten Zusammenhang bezieht. Ein solcher Relativsatz wird im Deutschen mit „was" eingeleitet. Im ersten Beispielsatz steht das **lo que ha pasado** z. B. in etwa für **hemos jugado al fútbol en el salón y por eso la tele ha caído al suelo**.

Übersetze:

1. Sara macht immer, was sie sagt.
2. Wir haben alles gekauft, was wir für den Urlaub brauchen.
3. Ich habe immer alles gesagt, was ich weiß.
4. Was mir an Barcelona gefällt, ist der Strand.

Soluciones: 1. Sara siempre hace lo que dice. 2. Hemos comprado todo lo que necesitamos para las vacaciones. 3. Siempre he dicho todo lo que sé. 4. Lo que me gusta de Barcelona es la playa.

6 Das Imperfekt | El pretérito imperfecto

6.1 Die regelmäßigen Formen | Las formas regulares

Verben auf -ar

	hablar
[yo]	habl**aba**
[tú]	habl**abas**
[él / ella / Ud.]	habl**aba**
[nosotros/-as]	habl**ábamos**
[vosotros/-as]	habl**abais**
[ellos / ellas / Uds.]	habl**aban**

Verben auf -er und -ir

	comer	escribir
[yo]	com**ía**	escrib**ía**
[tú]	com**ías**	escrib**ías**
[él / ella / Ud.]	com**ía**	escrib**ía**
[nosotros/-as]	com**íamos**	escrib**íamos**
[vosotros/-as]	com**íais**	escrib**íais**
[ellos / ellas / Uds.]	com**ían**	escrib**ían**

Um das **pretérito imperfecto** zu bilden, hängst du bei den Verben auf **-ar** an den Verbstamm die Endungen **-aba**, **-abas**, **-aba**, **-ábamos**, **-abais** oder **-aban** an. Achte dabei darauf, dass bei der ersten Person Plural ein Akzentzeichen gesetzt wird. Bei den Verben auf **-er** und **-ir** lauten die Endungen **-ía**, **-ías**, **-ía**, **-íamos**, **-íais**, **-ían**. Hier musst du auf jeder Endung ein Akzentzeichen setzen.

6.2 Die unregelmäßigen Formen | Las formas irregulares

	ser	**ir**
[yo]	**era**	**iba**
[tú]	**eras**	**ibas**
[él / ella / Ud.]	**era**	**iba**
[nosotros/-as]	**éramos**	**íbamos**
[vosotros/-as]	**erais**	**ibais**
[ellos / ellas / Uds.]	**eran**	**iban**

	ver
[yo]	**veía**
[tú]	**veías**
[él / ella / Ud.]	**veía**
[nosotros/-as]	**veíamos**
[vosotros/-as]	**veíais**
[ellos / ellas / Uds.]	**veían**

Im **pretérito imperfecto** werden nur diese drei Verben unregelmäßig konjugiert.
Bei **ver** besteht die Unregelmäßigkeit nur darin, dass es das Endungs-„e" nicht verliert.

Bilde die Formen des **pretérito imperfecto**:

1. cantar (yo)
2. salir (nosotros)
3. ver (él)
4. ser (tú)
5. buscar (ellas)
6. querer (vosotras)
7. tener (yo)
8. jugar (ellos)
9. cerrar (nosotras)
10. ir (ella)

Soluciones: 1. cantaba 2. salíamos 3. veía 4. eras 5. buscaban 6. queríais 7. tenía 8. jugaban 9. cerrábamos 10. iba

6.3 Das Imperfecto: Der Gebrauch | El uso

Antes no había ordenadores.
Entonces en las casas no había agua corriente.
En aquel tiempo no habia rascacielos.
En aquella época la gente no tenía coches.
En el siglo XIX la gente no tenía internet.
Hasta los años sesenta la gente casi no veía la tele.
Para ir a otro sitio, la gente casi **siempre** montaba a caballo.
Mis abuelos **normalmente** iban al cine para ver películas.
Cuando mis abuelos eran niños, eran muy pobres.

Das **pretérito imperfecto** brauchst du, um dauerhafte Zustände in der Vergangenheit zu beschreiben. Es gibt bestimmte Signalwörter, mit denen das **pretérito imperfecto** häufig verwendet wird.

Bilde verneinte Sätze im **pretérito imperfecto**, die du mit „antes" einleitest:

1. Ahora comes patatas fritas.
2. Ahora escucháis música de Amparanoia.
3. Ahora tengo móvil.
4. Ahora te gusta el café.
5. Ahora Carlos y Raúl viven en Barcelona.
6. Ahora jugamos al fútbol.

Soluciones: 1. Antes no comías patatas fritas. 2. Antes no escuchabais música de Amparanoia. 3. Antes no tenía móvil. 4. Antes no te gustaba café. 5. Antes Carlos y Raúl no vivían en Barcelona. 6. Antes no jugábamos al fútbol.

LA VIDA EN CASA

7 Der Gebrauch des pretérito indefinido und des pretérito imperfecto (I) | El uso del pretérito indefinido y del pretérito imperfecto (I)

Das **pretérito imperfecto** brauchst du, um Zustände in der Vergangenheit zu beschreiben. Betont wird hier das Andauern.
Mit dem **pretérito imperfecto** antwortet man auf die Frage: **¿cómo era?**

Era martes, **hacía** sol y muchísimo calor.

Das **pretérito indefinido** brauchst du, um einmalige Handlungen mit klarem Anfang und Ende sowie aufeinanderfolgende Handlungen in der Vergangenheit zu benennen. Betont wird hier das Ereignis.
Mit dem **pretérito indefinido** antwortet man auf die Frage: **¿qué pasó?**

Pablo **salió** de casa, **cogió** el bus y **entró** en el polideportivo.

Das **pretérito imperfecto** benutzt man auch, um regelmäßige Handlungen und Gewohnheiten in der Vergangenheit zu beschreiben. Betont wird hier die Wiederholung. Zeitangaben wie **todos los lunes, cada semana** und **siempre** werden hier oft verwendet.

Pablo **hacía** deporte todos los martes.

Wenn du eine Handlung, die im **pretérito indefinido** dargestellt ist, begründest, verwendest du häufig das **pretérito imperfecto**.

Después **fue** a la cafetería porque **quería** beber algo.

¡Acuérdate!
Du kennst schon die Zeitangaben, auf die häufig das **pretérito indefinido** folgt:

Ayer te mandé un e-mail.
Ese día no fui al instituto.
El otro día me encontré con Luisa.
La semana pasada vi una película.
El año pasado fuimos a España.
Hace dos días llamé a mis abuelos.

Hace un año conocí a Diego.
Primero entró Pablo, **después** llegó Ana y **al final** vino Paco.
De repente entró Luis, **luego** se sentó y **entonces** empezó a hablar.

Entscheide, ob du das **pretérito indefinido** oder das **pretérito imperfecto** verwenden musst. Ergänze die Sätze dann mit der jeweils richtigen Form:

1. *(Ser)* jueves y *(ser)* una mañana muy bonita: *(hacer)* sol.
2. Ese día Elena *(levantarse)* temprano, *(ir)* al baño y *(desayunar)* cereales.
3. Todos los jueves *(tener / ella)* clases de alemán.
4. De repente Elena *(mirar)* el reloj y *(salir)* de casa porque ya *(ser)* tarde y *(tener que)* ir al colegio.

Soluciones: 1. Era / era / hacía 2. se levantó / fue / desayunó 3. tenía 4. miró / salió / era / tenía que

8 Demasiado/-a als Begleiter | Demasiado/-a como determinante

Der Begleiter **demasiado** hat vier Endungen, die dem Bezugsnomen angeglichen werden. Achte darauf, dass **demasiado/-a** „zu viel/e" bedeutet, aber im Spanischen nur mit einem einzigen Wort wiedergegeben wird.

Esta tostada tiene **demasiada** mermelada. ¡No me gusta!
Por mi calle pasan **demasiados** coches.
En mi barrio hay **demasiadas** tiendas.

¡Acuérdate!
Du kennst schon Begleiter, mit denen Mengen angegeben werden: **mucho/-a**, **poco/-a** und **bastante:**

	♂	♀
Singular	mucho arroz poco tiempo bastante trabajo	mucha gente poca sed bastante comida
Plural	muchos libros pocos conejos bastantes niños	muchas películas pocas hamburguesas bastantes mujeres

Übersetze:

1. zu viele Häuser
2. zu viel Geld
3. zu viele Schüler
4. zu viele Lehrer
5. zu viel Obstsalat
6. zu viel Sonne

Soluciones: 1. demasiadas casas 2. demasiado dinero 3. demasiados alumnos 4. demasiados profesores 5. demasiada macedonia 6. demasiado sol

9 Die Verkleinerungsform | El diminutivo

el gato → el gat**ito**

la botella → la botell**ita**

Wie im Deutschen so wird auch im Spanischen die Verkleinerungsform nicht nur verwendet, um zum Ausdruck zu bringen, dass eine Sache / Person klein ist, sondern auch um Zuneigung zu zeigen (**«Quiero mucho a mi *abuelita*.»**) und um etwas weniger beeindruckend erscheinen zu lassen (**«Hay una *cosita* de la que quiero hablar contigo.»**).

el caballo → el caball**ito**
la cama → la cam**ita**

Um die Verkleinerungsform zu bilden, streichst du bei den Nomen auf **-o** und **-a** das Endungs **-o** bzw. **-a** und hängst je nach Geschlecht die Endung **-ito** oder **-ita** an.

el papel → el papel**ito**
la pared → la pared**ita**

Bei Nomen, die auf einen Konsonanten enden (ausgenommen **-n** und **-r**), hängst du ebenfalls die Endung **-ito** oder **-ita** an.

la llave → la llave**cita**
el examen → el examen**cito**
la mujer → la mujer**cita**

Bei Nomen, die auf **-e**, **-n** und **-r** enden, hängst du **-cito** oder **-cita** an.

el bus → el bus**ecito**
el pie → el pie**cecito**

Bei einsilbigen Wörtern, die auf einen Konsonanten enden, hängst du **-ecito** oder **-ecita** an. Bei einsilbigen Wörtern, die auf einen Diphthong enden, hängst du **-cecito** oder **-cecita** an.

! el chico → el chi**qu**ito
! el amigo → el ami**gu**ito
! el lápiz → el l**a**pi**c**ito

Achte darauf, dass sich in bestimmten Fällen in der Verkleinerungsform die Schreibung der Nomen ändert.

Diese Regeln werden nicht immer strikt angewandt und es gibt auch regionale Unterschiede!

Gib die Nomen an, von denen die folgenden Verkleinerungsformen abgeleitet sind:

1. el cochecito
2. las casitas
3. el abriguito
4. los jardincitos
5. la maletita
6. el pastelito
7. los conejitos
8. la musiquita
9. la vocecita
10. las mesitas

Soluciones: 1. el coche 2. las casas 3. el abrigo 4. los jardines 5. la maleta 6. el pastel 7. los conejos 8. la música 9. la voz 10. las mesas

10 Die Konjunktion o: Wechsel von o → u | La conjunción o: cambio de o → u

¿Cuándo llega la abuela? – No sé, el diez **u** once de octubre, creo.

Sus padres tienen bastante dinero porque tienen unos restaurantes **u** hoteles, no me acuerdo bien.

Wenn die Konjunktion **o** vor einem Wort steht, das mit **o-** oder **ho-** beginnt, wird sie durch ein **u** ersetzt.

¡Acuérdate!
Du kennst eine ähnliche Regel für die Konjunktion **y**: Diese wird vor **i-** und **hi-** durch ein **e** ersetzt:

Sofía es una chica divertida **e** inteligente.
Hoy tenemos clase de Geografía **e** Historia.

Ergänze mit **o** oder **u**:

1. mujer […] hombre
2. escuchar […] hablar
3. agua […] horchata
4. setenta […] ochenta
5. tortillas […] hamburguesas
6. mañana […] hoy
7. pastel […] helado
8. manzanas […] uvas

Soluciones: 1. u 2. o 3. u 4. u 5. o 6. u 7. o 8. o

MÉXICO LINDO

11 Der Gebrauch des pretérito indefinido und des pretérito imperfecto (II) | El uso del pretérito indefinido y del pretérito imperfecto (II)

Wie du bereits weißt, verwendest du das **pretérito imperfecto**, um Zustände in der Vergangenheit zu beschreiben. Im Vordergrund steht das Andauern.

Era una mañana tranquila y bonita. **Hacía** mucho sol. Mario **estaba** leyendo un libro en la cama.

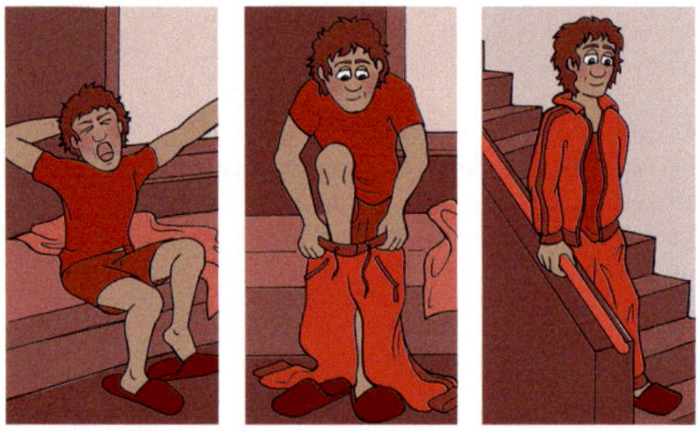

Wie du ebenfalls schon weißt, verwendest du das **pretérito indefinido**, um einmalige Handlungen mit klarem Anfang und Ende sowie aufeinanderfolgende Handlungen in der Vergangenheit zu benennen. Im Vordergrund steht das Ereignis.

Después Mario **se levantó**, **se puso** un chándal y **bajó** a la cocina.

Das **pretérito imperfecto** und das **pretérito indefinido** können auch gemeinsam in einem Satz auftreten: Das **pretérito imperfecto** beschreibt dann die andauernde Hintergrundhandlung (eine unabgeschlossene Handlung) und das **pretérito indefinido** benennt neu eintretende Ereignisse (abgeschlossene Handlungen).

! Nach **mientras** steht meistens das **pretérito imperfecto** (vgl. das englische **past progressive: While Mario was having breakfast, he heard a noise.**).

Mientras Mario **estaba** desayunando tranquilamente, de repente **escuchó** un ruido en la calle. Mario **salió** a la calle, pero no **había** nada.

Setze die Verben in die passende Form des **pretérito imperfecto** bzw. des **pretérito indefinido**:

1. Mi abuelo *(ser)* una persona tranquila, pero una vez *(ponerse)* muy nervioso.
2. *(Escuchar / él)* un ruido en la casa, *(levantarse)* y *(bajar)* a la cocina.
3. Pero en la cocina no *(haber)* nada.
4. De repente *(descubrir / él)* a mi abuela que *(estar)* viendo la tele en el salón.

Soluciones: 1. era / se puso 2. Escuchó / se levantó / bajó 3. había 4. descubrió / estaba

12 Der Komparativ des Adverbs | El comparativo del adverbio

Die von Adjektiven abgeleiteten Adverbien kann man auch in Vergleichen verwenden. Dies funktioniert wie bei den Vergleichen mit Adjektiven: Vor dem Adverb steht ein **más** oder **menos** und danach ein **que**, falls das Vergleichsobjekt genannt wird.

En Nerja vivimos **más tranquilamente que** en Madrid.

Ana saluda **más atentamente** al profesor **que** a Manuel.

Sergio canta muy bien, pero Mario canta **mejor que** él.
Por la mañana me sentía mal y por la tarde **peor**.

Bei Adverbien, die eine unregelmäßige Komparativform bilden (**bien** → **mejor**, **mal** → **peor**), steht zuerst die unregelmäßige Komparativform und dann das **que**.

Hoy las clases terminan **más temprano que** los otros días.
Marta está muy nerviosa: habla **más rápido que** nunca.

Häufig werden jedoch Adjektive unverändert als Adverbien verwendet.

¡Acuérdate!
Die von Adjektiven abgeleiteten Adverbien werden folgendermaßen gebildet:
Bei den Adjektiven auf **-o**/**-a** (z. B. **tranquilo/-a**) wird an die weibliche Form die Endung **-mente** angehängt (z. B. **tranquilamente**).
Bei den Adjektiven auf **-e** oder Konsonant (z. B. **alegre**, **ideal**) wird einfach nur die Endung **-mente** angehängt (z. B. **alegremente**, **idealmente**).

13 Datumsangaben: die Jahreszahlen | La fecha: el año

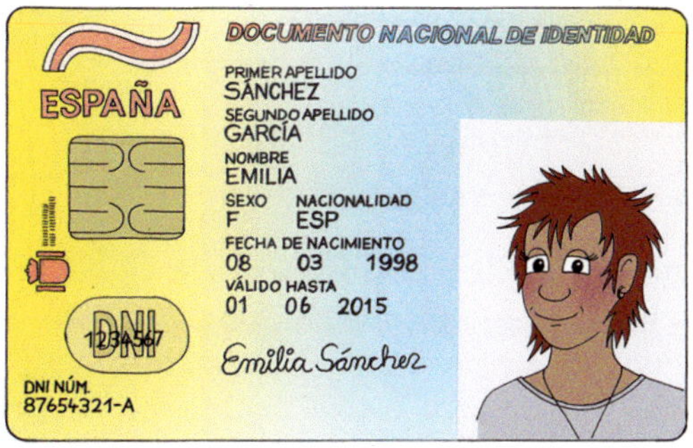

Um eine Jahreszahl als Datum anzugeben, benutzt man die Präposition **en**.

Emilia nació **en** 1998.

¡Acuérdate!
Du weißt schon, wie man ein Datum angibt:

Emilia nació **el** 25 de enero **de** 2008.

LA COMUNICACIÓN

14 Das Plusquamperfekt | El pretérito pluscuamperfecto

	Imperfekt von **haber**	+ Partizip Perfekt
[yo]	había	llegado
[tú]	habías	comido
[él / ella / Ud.]	había	vivido
[nosotros/-as]	habíamos	escrito
[vosotros/-as]	habíais	abierto
[ellos / ellas / Uds.]	habían	puesto

Das **pretérito pluscuamperfecto** wird aus dem **pretérito imperfecto** des Hilfsverbs **haber** und dem Partizip Perfekt gebildet.

Cuando salí de casa, ya **había parado** de llover.

Sara y yo **habíamos olvidado** nuestros libros y por eso volvimos a casa.

Quería acompañarlos, pero ya se **habían ido**.

Das **pretérito pluscuamperfecto** benutzt du, um über eine Handlung zu sprechen, die bereits abgeschlossen war, als eine andere Handlung stattfand.
Das Plusquamperfekt verwendet man im Deutschen genauso, man spricht hier auch von der „Vorvergangenheit".

¡Acuérdate!
Die Bildung des Partizip Perfekt kennst du schon vom **pretérito perfecto**:

Bei Verben auf **-ar** hängst du an den Verbstamm die Endung **-ado** an (z. B. **hablar** → **hablado**).
Bei Verben auf **-er** und **-ir** lautet die Endung **-ido** (z. B. **beber** → **bebido** bzw. **vivir** → **vivido**).
Steht vor **-ido** ein Vokal (außer **u**), bekommt das **i** einen Akzent (z. B. **caer** → **caído**).

Folgende Verben haben ein unregelmäßiges Partizip Perfekt:

abrir → **abierto**
decir → **dicho**
descubrir → **descubierto**
escribir → **escrito**
hacer → **hecho**
morir → **muerto**
poner → **puesto**
ver → **visto**
volver → **vuelto**

Setze die Verben in die passende Vergangenheitsform:

1. Cuando (*llegar / yo*) a casa, mis padres ya (*irse*).
2. Lucas ya (*cenar*) cuando Raúl lo (*llamar*).
3. Cuando María (*quedar*) con Miguel, ya (*hacer / ella*) los deberes.
4. (*Querer / yo*) ver la película «Los abrazos rotos» con mi prima, pero ella ya la (*ver*).

Soluciones: 1. Cuando llegué a casa, mis padres ya se habían ido. 2. Lucas ya había cenado cuando Raúl lo llamó. 3. Cuando María quedó con Miguel, ya había hecho los deberes. 4. Quería ver la película «Los abrazos rotos» con mi prima, pero ella ya la había visto.

15 Konstruktionen mit dem Infinitiv | Construcciones con infinitivo

Im Spanischen gibt es verschiedene Konstruktionen mit dem Infinitiv, mit denen man genauere Informationen zu einer Handlung geben kann:

volver a + Infinitiv:

Nos **volvemos a ver** el próximo año.
Wir sehen uns nächstes Jahr wieder.

Ya lo he dicho muchísimas veces. No lo **vuelvo a repetir**.
Ich habe es schon so oft gesagt. Ich wiederhole es nicht noch einmal.

Die Konstruktion **volver a** + *Infinitiv* drückt aus, dass eine Handlung wiederholt wird. Im Deutschen würde man dies mit „etwas wieder tun" oder „etwas noch einmal tun" wiedergeben.

ponerse a + Infinitiv:

¿Mañana hay un examen? ¡En seguida **me pongo a estudiar**!
Morgen haben wir eine Prüfung? Ich fange sofort zu lernen an!

Die Konstruktion **ponerse a** + *Infinitiv* bringt zum Ausdruck, dass eine Handlung begonnen wird. Hier würde man im Deutschen „anfangen, etwas zu tun" sagen.

llegar a + Infinitiv:

Han llegado a prohibir los móviles en el colegio.
Sie sind so weit gegangen, Handys in der Schule zu verbieten.

Aunque Rodrigo no me gustaba, **llegué a salir** con él.
Obwohl mir Rodrigo nicht gefiel, bin ich schließlich mit ihm ausgegangen.

Nunca **he llegado a correr** diez kilómetros.
Ich habe es nie geschafft, zehn Kilometer zu laufen.

Quiero **llegar a ser** médica.
Ich will Ärztin werden.

Llegaron a saber la verdad.
Sie haben die Wahrheit erfahren.

Die Konstruktion **llegar a** + *Infinitiv* hat verschiedene Bedeutungen: Häufig bedeutet sie „so weit gehen, etwas zu tun" oder „schließlich etwas tun". Sie kann aber auch „etwas erreichen/schaffen" bedeuten.

Llegar a ser kann man mit „etwas werden" wiedergeben. **Llegar a saber** entspricht dem Deutschen „etwas (durch Zufall) erfahren".

Übersetze:

1. Cuando mi hermano menor tiene un problema, se pone a llorar.
2. Grizel llegó a ser una cantante muy famosa.
3. Tengo que volver a tomar clases de guitarra para tocar mejor.

Soluciones: 1. Wenn mein kleiner Bruder ein Problem hat, fängt er an zu weinen. 2. Grizel wurde eine sehr berühmte Sängerin. 3. Ich muss wieder Gitarrenunterricht nehmen, um besser zu spielen.

16 Konstruktionen mit dem gerundio | Construcciones con gerundio

In manchen Konstruktionen verwendet man das **gerundio**, um eine Handlung genauer zu charakterisieren:

seguir + gerundio:
Nadie está escuchando a Carlos, pero aun así **sigue hablando**.
Niemand hört Carlos zu, aber trotzdem redet er weiter.

Die Konstruktion **seguir + gerundio** drückt aus, dass eine Handlung weiter andauert. Im Deutschen würde man diese Konstruktion mit „etwas immer noch / weiterhin tun" wiedergeben.

llevar + *Zeitraum* + **gerundio:**
Llevo *casi una hora* **buscando** mis zapatillas, pero no las encuentro.
Ich suche seit fast einer Stunde nach meinen Turnschuhen, aber finde sie nicht.

Die Kombination aus **llevar**, der Angabe eines Zeitraums und dem **gerundio** bringt zum Ausdruck, dass eine Handlung schon eine bestimmte Zeit lang und immer noch andauert. Im Deutschen würde man diese Konstruktion mit „etwas (schon) seit so und so langer Zeit (und immer noch) tun" wiedergeben.

pasar + *Zeitraum* + **gerundio:**
Antonia **pasa** *todas las mañanas* **viendo tele**.
Antonia verbringt jeden Morgen mit Fernsehen.

Die Verbindung von **pasar**, der Angabe eines Zeitraums und dem **gerundio** drückt zwar auch aus, dass eine Handlung eine bestimmte Zeit lang andauert, aber betont wird hier die Intensität bzw. Häufigkeit der Handlung, also, dass etwas ausgiebig oder oft gemacht wird. Im Deutschen würde man sagen „so und so viel Zeit mit etwas verbringen".

¡Acuérdate!
Du weißt schon, wie man das **gerundio** bildet:
Bei Verben auf **-ar** hängst du an den Verbstamm die Endung **-ando** an (z. B. **hablar** → **hablando**).
Bei Verben auf **-er** und **-ir** lautet die Endung **-iendo** (z. B. **beber** → **bebiendo** bzw. **vivir** → **viviendo**).
Endet der Verbstamm auf einen Vokal, ändert sich die Schreibweise: Dann lautet die Endung **-yendo** (z. B. **caer** → **cayendo**). Die **gerundio**-Form des Verbs **ir** lautet **yendo**.

Bei allen Verben mit Stammvokalwechsel **e** → **i** und bei einigen wenigen mit Stammvokalwechsel **e** → **ie** oder **o** → **ue** ändert sich auch der Stammvokal beim **gerundio**:

decir (e → i) → diciendo
pedir (e → i) → pidiendo
repetir (e → i) → repitiendo
seguir (e → i) → siguiendo

preferir (e → ie) → prefiriendo
sentir (e → ie) → sintiendo
venir (e → ie) → viniendo

dormir (o → ue) → durmiendo
poder (o → ue) → pudiendo

Wenn du bei den reflexiven Verben das Pronomen anhängst, musst du ein Akzentzeichen setzen, damit die Betonung des Verbs erhalten bleibt:
levantarse → levantándose   perderse → perdiéndose   aburrirse → aburriéndose
Wie du weißt, kannst du das Reflexivpronomen auch vor das konjugierte Verb stellen.

Übersetze:

1. Paso todo el día pensando en ti.
2. Soledad lleva viviendo dos años en Barcelona.
3. Mañana sigue lloviendo.
4. Felipe pasa toda la tarde chateando.
5. Ana lleva una hora duchándose.
6. ¡Sigue hablando!

Soluciones: 1. Ich verbringe den ganzen Tag damit, an dich zu denken. 2. Soledad wohnt seit zwei Jahren in Barcelona. 3. Morgen regnet es weiter. 4. Felipe verbringt den ganzen Nachmittag mit Chatten. 5. Ana duscht schon seit einer Stunde. 6. Sprich weiter!

17 Die Possessivpronomen | Los pronombres posesivos

Singular	♂	♀
Besitzer	Besitzobjekt (z. B. el lápiz)	Besitzobjekt (z. B. la bicicleta)
[yo]	(el) mí**o**	(la) mí**a**
[tú]	(el) tuy**o**	(la) tuy**a**
[él / ella / Ud.]	(el) suy**o**	(la) suy**a**
[nosotros/-as]	(el) nuestr**o**	(la) nuestr**a**
[vosotros/-as]	(el) vuestr**o**	(la) vuestr**a**
[ellos / ellas / Uds.]	(el) suy**o**	(la) suy**a**

Die Possessivpronomen richten sich in Zahl und Geschlecht nach dem Besitzobjekt.

Plural	♂	♀
Besitzer	Besitzobjekt (z. B. los libros)	Besitzobjekt (z. B. las revistas)
[yo]	(los) mí**os**	(las) mí**as**
[tú]	(los) tuy**os**	(las) tuy**as**
[él / ella / Ud.]	(los) suy**os**	(las) suy**as**
[nosotros/-as]	(los) nuestr**os**	(las) nuestr**as**
[vosotros/-as]	(los) vuestr**os**	(las) vuestr**as**
[ellos / ellas / Uds.]	(los) suy**os**	(las) suy**as**

Das Possessivpronomen verwendet man, um die Wiederholung des Besitzobjektes zu vermeiden (im Beispiel: „**el libro**"). Das Possessivpronomen ersetzt dann Possessivbegleiter und Bezugswort (im Beispiel: „**el mío**" statt „**mi libro**" bzw. „**el suyo**" statt „**su libro**"). Im Deutschen würde man die Possessivpronomen mit z. B. „meins, deins, seins…" wiedergeben.

Este cuaderno es **mío**.
Dieses Heft gehört mir (und nicht Laura).

Este cuaderno es **el mío**.
Mein Heft ist dieses (und nicht das da).

Der Artikel vor dem Possessivpronomen kann entfallen, wenn das Possessivpronomen bei einer Form von **ser** steht. In diesem Fall wird der *Besitzer* in den Vordergrund gestellt. Man kann den Ausdruck dann mit „gehört mir, dir, ihm…" übersetzen. Steht das Possessivpronomen dagegen mit dem bestimmten Artikel, geht es um die *Zuordnung* eines unter mehreren Objekten (wie in der Zeichnung auf S. 19).

¡Acuérdate!
Du kennst schon die Possessivbegleiter. Im Unterschied zu den Possessivpronomen stehen sie immer bei ihrem Bezugswort:

	♂	♀
Singular	**mi** helado	**mi** casa
	tu helado	**tu** casa
	su helado	**su** casa
	nuestro helado	**nuestra** casa
	vuestro helado	**vuestra** casa
	su helado	**su** casa
Plural	**mis** padres	**mis** cosas
	tus padres	**tus** cosas
	sus padres	**sus** cosas
	nuestros padres	**nuestras** cosas
	vuestros padres	**vuestras** cosas
	sus padres	**sus** cosas

Ersetze die unterstrichenen Possessivbegleiter und Bezugswörter durch Possessivpronomen:

1. No encuentro mis gafas.
2. ¿Dónde están tus hermanos?
3. Este móvil es mi móvil.
4. ¿Vuestras amigas van a la fiesta?
5. Paco come su bocadillo.
6. Nuestros padres llegan a las tres.
7. Mis amigos juegan al fútbol.
8. Oye, ¿esta es tu mochila?

Soluciones: 1. No encuentro las mías. 2. ¿Dónde están los tuyos? 3. Este móvil es (el) mío. 4. ¿Las vuestras van a la fiesta? 5. Paco come el suyo. 6. Los nuestros llegan a las tres. 7. Los míos juegan al fútbol. 8. Oye, ¿esta es (la) tuya?

ESO… ¿QUÉ SIGNIFICA ESO?

18 Der subjuntivo Präsens (I) | El presente de subjuntivo (I)

18.1 Die regelmäßigen Formen (I) | Las formas regulares (I)

Verben auf **-ar**

	hablar
[yo]	habl**e**
[tú]	habl**es**
[él / ella / Ud.]	habl**e**
[nosotros/-as]	habl**emos**
[vosotros/-as]	habl**éis**
[ellos / ellas / Uds.]	habl**en**

Verben auf **-er** und **-ir**

	comer	escribir
[yo]	com**a**	escrib**a**
[tú]	com**as**	escrib**as**
[él / ella / Ud.]	com**a**	escrib**a**
[nosotros/-as]	com**amos**	escrib**amos**
[vosotros/-as]	com**áis**	escrib**áis**
[ellos / ellas / Uds.]	com**an**	escrib**an**

Die „Normalform" der Verben, die du bisher verwendest, bezeichnet man als **indicativo** (dt.: Indikativ). Nun lernst du den **subjuntivo** kennen.

Die Endungen des **subjuntivo** Präsens werden bei den Verben auf **-ar** mit **e** gebildet und bei den Verben auf **-er** und **-ir** mit **a**.
Demzufolge lauten sie für die Verben auf **-ar**:
-e, -es, -e, -emos, -éis, -en.
Für die Verben auf **-er** und **-ir** lauten sie:
-a, -as, -a, -amos, -áis, -an.

Verben mit unregelmäßiger 1. Person Singular

	tener (→ tengo)
[yo]	**teng**a
[tú]	**teng**as
[él / ella / Ud.]	**teng**a
[nosotros/-as]	**teng**amos
[vosotros/-as]	**teng**áis
[ellos / ellas / Uds.]	**teng**an

Bei den Verben mit unregelmäßiger 1. Person Singular im Indikativ gilt diese Unregelmäßigkeit für alle Formen des **subjuntivo** Präsens. Du kennst schon viele dieser Verben, die so konjugiert werden: **tener (tengo), poner (pongo), hacer (hago), decir (digo), venir (vengo), traer (traigo), conocer (conozco), salir (salgo), caer (caigo), ver (veo), oír (oigo).**

Der Verbstamm des **subjuntivo** Präsens wird von der 1. Person Singular im Indikativ abgeleitet.

Verben mit Stammvokaländerung

	querer (e → ie)	**poder** (o → ue)
[yo]	qu**ie**ra	p**ue**da
[tú]	qu**ie**ras	p**ue**das
[él / ella / Ud.]	qu**ie**ra	p**ue**da
[nosotros/-as]	queramos	podamos
[vosotros/-as]	queráis	podáis
[ellos / ellas / Uds.]	qu**ie**ran	p**ue**dan

Die Verben mit Stammvokaländerung **e → ie** und **o → ue**, die auf **-ar** und **-er** enden, haben die gleichen Stammvokaländerungen wie im Indikativ Präsens.

*Der Verbstamm der Verben mit Stammvokaländerung **e → i** wird von der 1. Person Singular im Indikativ abgeleitet (**pid**o: **pid**a, **pid**as, **pid**a, **pid**amos, **pid**áis, **pid**an)!*

! Verben auf **-car** (z. B. buscar): bus**qu**e, bus**qu**es, bus**qu**e …

! Verben auf **-gar** (z. B. llegar): lleg**u**e, lleg**u**es, lleg**u**e …

! Verben auf **-zar** (z. B. cruzar): cru**c**e, cru**c**es, cru**c**e …

Bei den Verben auf **-car** und **-gar** ändert sich die Schreibung, um die Aussprache der Konsonanten zu erhalten. Bei den Verben auf **-zar** wird das **z** durch ein **c** ersetzt, da es im Spanischen die Kombination „ze" und „zi" nicht gibt (mit Ausnahme bei ein paar wenigen Fremdwörtern).

18.2 Die unregelmäßigen Formen (I) | Las formas irregulares (I)

	estar	**haber**
[yo]	**esté**	**haya**
[tú]	**estés**	**hayas**
[él / ella / Ud.]	**esté**	**haya**
[nosotros/-as]	estemos	**hayamos**
[vosotros/-as]	estéis	**hayáis**
[ellos / ellas / Uds.]	**estén**	**hayan**

Beim Verb **estar** musst du auf die Akzentzeichen achten.

Bilde die Formen des **subjuntivo** Präsens:

1. hablar (tú)
2. hacer (ellos)
3. salir (Carmen y yo)
4. comer (vosotros)
5. estar (ellas)
6. conocer (yo)
7. escribir (él)
8. entender (Elena y Marta)
9. oír (Rodrigo)
10. volver (nosotras)

Soluciones: 1. hables 2. hagan 3. salgamos 4. comáis 5. estén 6. conozca 7. escriba 8. entiendan 9. oiga 10. volvamos

18.3 Der Gebrauch (I) | El uso (I)

Lucía **espera que** mañana haga buen tiempo.

Der **subjuntivo** wird im Spanischen meistens in Sätzen mit **que** („dass") gebraucht:
Laura espera que su amiga **tenga** razón.
! Bei gleichem Subjekt im Haupt- und Nebensatz steht im Nebensatz der Infinitiv:
Laura espera **tener** razón.

Den **subjuntivo** verwendet man, um Hoffnung auszudrücken. Er steht daher immer nach Ausdrücken wie **ojalá que** und **esperar que**.

A Ernesto **le da miedo que** en el examen haya muchas preguntas difíciles.

Nach Ausdrücken, die Angst oder Sorge zum Ausdruck bringen, verwendet man ebenfalls den **subjuntivo**. So steht nach **me / te / le... da miedo que** oder **tengo / tienes / tiene... miedo de que** immer der **subjuntivo**.

La abuela le regala a Jorge una cámara **para que** tome fotos del viaje.

Der **subjuntivo** steht auch nach bestimmten Konjunktionen wie z. B. **para que**.

Ergänze die Sätze mit dem **subjuntivo**:

1. Roxana espera que sus padres le *(regalar)* unas gafas de sol.
2. Fernando les manda una postal a sus abuelos para que *(alegrarse)*.
3. A Rocío le da miedo que su hermana menor *(sacar)* una mala nota en Mates.
4. ¡Ojalá que el próximo verano *(hacer / nosotros)* un viaje a España!

Soluciones: 1. regalen 2. se alegren 3. saque 4. hagamos

19 Der Gebrauch einiger Adjektive mit ser und estar | El uso de algunos adjetivos con ser y estar

Manche Adjektive haben unterschiedliche Bedeutungen, je nachdem, ob sie mit **ser** oder mit **estar** verwendet werden.

Sarah **es** una chica muy **lista**.

Ya podemos irnos. **Estoy listo**.

So bedeutet **ser listo/-a** „schlau sein", **estar listo/-a** aber „bereit sein / mit etwas fertig sein".

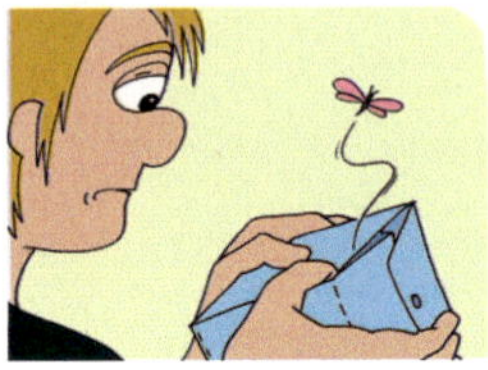

Manolo no **es** muy **rico**.

El bocadillo **está** muy **rico**.

Ser rico/-a heißt „reich sein", **estar rico/-a** aber „lecker sein".

José **es bueno** en Inglés.

Mi perro **es** muy **bueno**.

El pastel **está** muy **bueno**.

Ser bueno/-a bedeutet „gut sein" oder „gutmütig / lieb sein", **estar bueno/-a** aber „gut / lecker sein".

Drácula **es** muy **malo**.

La leche **está mala**.

Marta **está mala**.

Ser malo/-a heißt „böse sein", **estar malo/-a** jedoch „verdorben sein" oder „krank sein".

Übersetze:

1. Die Banane ist verdorben.
2. Mein Onkel ist nicht sehr reich.
3. Der Obstsalat ist lecker.
4. Raúl ist sehr schlau.
5. Ich bin schon fertig.
6. Meine Katze ist sehr lieb.
7. Dieser Hund ist böse.
8. Mein Hamster ist krank.

Soluciones: 1. El plátano está malo. 2. Mi tío no es muy rico. 3. La macedonia está rica/buena. 4. Raúl es muy listo. 5. Ya estoy listo/-a. 6. Mi gato es muy bueno. 7. Este perro es malo. 8. Mi hámster está malo.

ANDALUCÍA – ¡NO TE LO PIERDAS!

20 Der verneinte Imperativ | El imperativo negativo

Den verneinten Imperativ verwendet man, um jemanden aufzufordern, etwas *nicht* zu tun. Die Formen des verneinten Imperativs entsprechen den Formen des **subjuntivo** Präsens.

Singular

bejaht	verneint
¡**Compra** chocolate!	¡**No compres** chocolate!
¡**Bebe** agua!	¡**No bebas** agua!
¡**Ven** aquí!	¡**No vengas** aquí!

Plural

bejaht	verneint
¡**Comprad** chocolate!	¡**No compréis** chocolate!
¡**Bebed** agua!	¡**No bebáis** agua!
¡**Venid** aquí!	¡**No vengáis** aquí!

¡Lláma**me** a las diez!	¡No **me** llames a las diez!
¡Siénta**te** aquí!	¡No **te** sientes aquí!
¡Escuchad**me**!	¡No **me** escuchéis!
¡Pone**os** zapatillas!	¡No **os** pongáis zapatillas!

Die Objekt- und Reflexivpronomen werden beim verneinten Imperativ *vor* das Verb gesetzt.

¡Acuérdate!
Du kennst bereits den bejahten Imperativ. Er entspricht im Singular der 3. Person Singular im Präsens. Im Plural wird bei der Infinitivendung das **r** durch ein **d** ersetzt.

Infinitiv		bejahter Imperativ Singular		bejahter Imperativ Plural
hablar	→	habla	→	habla**d**
comer	→	come	→	come**d**
escribir	→	escrib**e**	→	escribi**d**

Einige häufig gebrauchte Verben haben eine unregelmäßige Imperativform im Singular.
Der Plural ist bei allen Verben regelmäßig.

Infinitiv		bejahter Imperativ Singular	Infinitiv		bejahter Imperativ Singular
venir	→	**ven**	salir	→	**sal**
hacer	→	**haz**	tener	→	**ten**
decir	→	**di**	ir	→	**ve**
poner	→	**pon**	ser	→	**sé**

Die Objekt- und Reflexivpronomen werden beim bejahten Imperativ an das Verb angehängt. Entsteht im Singular dadurch eine Form mit drei oder mehr Silben, muss auf der drittletzten Silbe ein Akzentzeichen stehen. Im Plural müssen keine Akzentzeichen gesetzt werden.
Wenn das Pronomen **os** angehängt wird, entfällt allerdings das **d** der Imperativendung.

Singular	Plural
Ll**á**ma**me** mañana, por favor.	Llamad**me** mañana, por favor.
Lev**á**nta**te**, por favor.	Levanta**os**, por favor.
Pon**te** un abrigo, por favor.	Pone**os** un abrigo, por favor.

Bilde den verneinten Imperativ:

1. ¡Habla con tu padre!
2. ¡Bebed más leche!
3. ¡Venid conmigo!
4. ¡Escribidme!
5. ¡Cómprate este cuaderno!
6. ¡Sal esta noche!
7. ¡Ponte la gorra!
8. ¡Dime la verdad!

Soluciones: 1. ¡No hables con tu padre! 2. ¡No bebáis más leche! 3. ¡No vengáis conmigo! 4. ¡No me escribáis! 5. ¡No te compres este cuaderno! 6. ¡No salgas esta noche! 7. ¡No te pongas la gorra! 8. ¡No me digas la verdad!

21 Der subjuntivo Präsens (II) | El presente de subjuntivo (II)

21.1 Die regelmäßigen Formen (II) und die unregelmäßigen Formen (II) | Las formas regulares (II) y las formas irregulares (II)

Verben mit Stammvokaländerung

	preferir
[yo]	pref**ie**ra
[tú]	pref**ie**ras
[él / ella / Ud.]	pref**ie**ra
[nosotros/-as]	! pref**i**ramos
[vosotros/-as]	! pref**i**ráis
[ellos / ellas / Uds.]	pref**ie**ran

	dormir
[yo]	d**ue**rma
[tú]	d**ue**rmas
[él / ella / Ud.]	d**ue**rma
[nosotros/-as]	! d**u**rmamos
[vosotros/-as]	! d**u**rmáis
[ellos / ellas / Uds.]	d**ue**rman

Die Verben mit Stammvokaländerung **e → ie** und **o → ue**, die auf **-ir** enden, haben einen anderen Stamm in der 1. und 2. Person Plural. Du kennst schon weitere Verben, die so konjugiert werden: **e → ie**: **sentir(se)** und **divertir(se)** / **o → ue**: **morir**.

Unregelmäßige Verben

Die Verben **ser**, **ir** und **saber** haben eine unregelmäßige Form im **subjuntivo**. Bei **ser** bleibt das **e** der Infinitivendung erhalten. Das ist bei **ver** genauso.

	ser
[yo]	**sea**
[tú]	**seas**
[él / ella / Ud.]	**sea**
[nosotros/-as]	**seamos**
[vosotros/-as]	**seáis**
[ellos / ellas / Uds.]	**sean**

	ir
[yo]	**vaya**
[tú]	**vayas**
[él / ella / Ud.]	**vaya**
[nosotros/-as]	**vayamos**
[vosotros/-as]	**vayáis**
[ellos / ellas / Uds.]	**vayan**

	saber
[yo]	**sepa**
[tú]	**sepas**
[él / ella / Ud.]	**sepa**
[nosotros/-as]	**sepamos**
[vosotros/-as]	**sepáis**
[ellos / ellas / Uds.]	**sepan**

Bilde die passende Form im **subjuntivo**:

1. ser (yo)
2. dormir (Carlos)
3. sentir (nosotras)
4. ir (Laura y yo)
5. saber (tú)
6. morir (nosotros)
7. ser (Marta y José)
8. ir (tú)
9. saber (Enrique y tú)
10. divertirse (vosotros)

Soluciones: 1. sea 2. duerma 3. sintamos 4. vayamos 5. sepas 6. muramos 7. sean 8. vayas 9. sepáis 10. os divirtáis

21.2 Der Gebrauch (II) | El uso (II)

Der **subjuntivo** wird nach Ausdrücken des Missfallens wie **molestar que, fastidiar que** und **aburrir que** verwendet.

Me molesta que mi hermana siempre haga tanto ruido.

Les molesta que vengas mañana.
Nos fastidia que el ayuntamiento construya un aparcamiento aquí.
A Laura **le aburre que** su madre prepare todos los fines de semana la misma comida.

Der **subjuntivo** wird auch nach Ausdrücken des Vorschlagens wie **proponer que** gebraucht.

Te propongo que vayamos a la piscina.

Nos proponen que hagamos una excursión al bosque.

Auch unpersönliche Wendungen, die man im Deutschen mit *Es ist (un)gerecht/(nicht) schade/(un)nötig/(un)wichtig/(nicht) verboten, dass…* einleitet, werden im Spanischen mit dem **subjuntivo** verwendet.

No es justo que haya tantos países pobres.

No es justo que no le digas la verdad.
Es una lástima que hoy no haga sol.
Es necesario que todos los chicos vayan al colegio.
Es importante que digas todo.
Está prohibido que un chico de 15 años salga solo a las doce de la noche.

Übersetze:

1. Mich stört, dass du immer zu spät kommst.
2. Ich schlage dir vor, dass du morgen zu Hause bleibst.
3. Es ist wichtig, dass ihr uns morgen begleitet.

Soluciones: 1. Me molesta/fastidia que siempre llegues tarde. 2. Te propongo que mañana te quedes en casa. 3. Es importante que nos acompañéis mañana.

22 Unpersönliche Konstruktionen mit se + Verb | Construcciones pasivas con se + verbo

En este hotel **se habla** alemán.
En España **se hablan** cuatro lenguas.

Se vende este coche.
En esta tienda no **se venden** libros.

Se prohíbe jugar al fútbol.

Sätze, die man im Deutschen mit *man* oder mit dem Passiv bildet, kann man im Spanischen bilden, indem man das Reflexivpronomen **se** mit einem Verb verbindet.
Die Form des Verbs hängt davon ab, ob das Nomen im Singular oder Plural steht: **La casa se vende**. Aber: **Las casas se venden**.
Bei Verben (Infinitiven) steht der Singular: **Se prohíbe entrar**.

Übersetze:

1. Hier wird eine Schule gebaut.
2. Bei Mustafa zu Hause spricht man zwei Sprachen.
3. In diesem Geschäft werden Fahrräder verkauft.

Soluciones: 1. Aquí se construye un colegio. 2. En casa de Mustafa se hablan dos lenguas. 3. En esta tienda se venden bicicletas.

DONDE CRECE EL PLÁTANO

23 Die Prozentzahlen | El porcentaje

El 33% de los plátanos en América Latina es de Ecuador.
El treinta y tres por ciento...

Un 20% de los plátanos viene de un país muy pequeño: Costa Rica.
Un veinte por ciento…

Im Spanischen setzt man vor Prozentzahlen immer den bestimmten oder den unbestimmten Artikel: Soll eine genaue Prozentangabe ausgedrückt werden, steht der bestimmte Artikel, bei einer ungefähren Prozentangabe der unbestimmte.
Das Verb steht in der Regel im Singular: **El / Un veinte por ciento de los plátanos viene de …**
Das ist anders als im Deutschen:
„_ Zwanzig Prozent der Bananen kommen aus…“.

24 Der Gebrauch des subjuntivo (III) | El uso del subjuntivo (III)

Quiero que pronto pare de llover.

Der **subjuntivo** wird gebraucht um Wünsche auszudrücken. Daher steht er nach Ausdrücken wie **querer que**.

Dudo que mañana haga sol: hay muchas nubes.
Es imposible que Marco vaya a la excursión: está enfermo.
Puede que Marta venga mañana, si tiene tiempo.

Der **subjuntivo** wird auch gebraucht um auszudrücken, dass man etwas für irreal (nicht wirklich), unwahrscheinlich oder unsicher hält. Daher steht er nach Ausdrücken wie **dudar que**, **es imposible que** und **puede que**.

! **No creo que** vaya a la fiesta.
aber: **Creo que** voy a la fiesta.

Nach **no creer que** steht der **subjuntivo**, weil der Sprecher ja *nicht glaubt*, dass die folgende Aussage eintrifft. Nach **creer que** folgt allerdings der Indikativ.

Übersetze:

1. Dein Vater will, dass du sofort kommst.
2. Ich glaube nicht, dass Luisa heute ins Kino geht.
3. Der Lehrer bezweifelt, dass Manuel eine gute Note in Sport bekommt.

Soluciones: 1. Tu padre quiere que vengas en seguida. 2. No creo que Luisa vaya hoy al cine.
3. El profesor duda que Manuel saque una buena nota en Educación Física.

25 Zwei Objektpronomen bei einem Verb | Dos pronombres de complemento con un verbo

25.1 Die Formen | Las formas

Stehen zwei Pronomen zusammen, dann steht das indirekte Objektpronomen vor dem direkten. Auch das Reflexivpronomen steht immer vor dem direkten Objektpronomen. Die indirekten Objektpronomen **le** und **les** werden durch **se** ersetzt.
Die Pronomen stehen normalerweise vor dem Verb (s. auch 25.2).

indirektes Objektpronomen / Reflexivpronomen	direktes Objektpronomen
me	
te	**lo**
se	**la**
nos	**los**
os	**las**
se	

¡Acuérdate!
Du kennst schon alle Objektpronomen. Die indirekten lauten: **me**, **te**, **le**, **nos**, **os**, **les**.
Die direkten Objektpronomen sind: **me**, **te**, **lo** / **la**, **nos**, **os**, **los** / **las**.
Die Objektpronomen ersetzen ein Objekt. Sie stehen normalerweise vor dem Verb:

Paco manda una postal **a sus abuelos**.
(indirektes Objekt)

Laura manda **el e-mail**.
(direktes Objekt)

Paco **les** manda una postal.
(indirektes Objektpronomen)

Laura **lo** manda.
(direktes Objektpronomen)

Die Reflexivpronomen kennst du auch schon: **me**, **te**, **se**, **nos**, **os**, **se**. Auch sie stehen immer vor dem Verb: Elena siempre **se** levanta temprano.

Ersetze die unterstrichenen Objekte durch Pronomen:

1. Ernesto les manda una postal.
2. Laura le escribe un e-mail.
3. Siempre os digo la verdad.
4. Mi padre nos da los regalos.
5. Yo te traigo las tortillas.
6. Javi se pone el abrigo.

Soluciones: 1. Ernesto se la manda. 2. Laura se lo escribe. 3. Siempre os la digo. 4. Mi padre nos los da. 5. Yo te las traigo. 6. Javi se lo pone.

25.2 Die Stellung | La colocación

Nosotros no entendemos el problema.
¿**Nos lo explicas**, por favor?

Diego no le dice la verdad a su amigo Paco.
Para Diego es muy difícil **decírsela**.

Bei konjugierten Verben stehen die Pronomen vor dem Verb (s. auch 25.1).

Beim Infinitiv werden die Pronomen angehängt. Man muss dann auf der drittletzten Silbe ein Akzentzeichen setzen.

Raúl no entiende la pelea.
Leonardo **se la** está **explicando**. /
Leonardo está **explicándosela**.

– Oye, ¿mañana me traes los textos de historia?
– Sí, claro, mañana **te los voy a traer**. /
Sí, claro, mañana **voy a traértelos**.

– ¿Me prestas estos libros?
– Lo siento, no **te los puedo prestar** porque los necesito. /
Lo siento, no **puedo prestártelos** porque los necesito.

Beim **gerundio** sowie beim unmittelbaren Futur (**voy/vas/va… a** + *Verb*) und bei den Modalverben (**querer** + *Verb*, **tener que** + *Verb*, **poder** + *Verb*, **saber** [können] + *Verb*) können die Pronomen entweder vor dem konjugierten Verb stehen oder angehängt werden. Werden sie angehängt, muss man ein Akzentzeichen auf der viertletzten (**gerundio**) bzw. drittletzten Silbe (unmittelbares Futur und Modalverben) setzen.

¡Acuérdate!
Diese Regeln für die Stellung kennst du schon, sowohl von den direkten als auch von den indirekten Objektpronomen:

Bei Infinitiven:
Entender **las cosas** a veces es difícil.
Entender**las** a veces es difícil.

Bei gerundio / ir a + Infinitiv / Modalverb + Infinitiv:
– ¿Dónde están **los platos**?
– Sandra **los** está fregando. / Sandra está fregándo**los**.

Voy a dar el libro **a Paco**.
Le voy a dar el libro. / Voy a dar**le** el libro.

No puedo leer **el texto**.
No **lo** puedo leer. / No puedo leer**lo**.

Dieselben Regeln gelten auch für die reflexiven Verben:

Bei Infinitiven:
A mí no me gusta levantar**me** temprano.

Bei gerundio / ir a + Infinitiv / Modalverb + Infinitiv:
Úrsula **se** está poniendo un abrigo. / Úrsula está poniéndo**se** un abrigo.

Gonzalo **se** va a sentar. / Gonzalo va a sentar**se**.

No **me** quiero quejar. / No quiero quejar**me**.

Ersetze die unterstrichenen Objekte durch Pronomen:

1. Regalar un móvil a mi abuela es una buena idea.
2. Voy a contar la historia a mis amigos.
3. Mario tiene que escribir una postal a sus tíos.
4. Marcela está explicando los deberes a su compañera.

Soluciones: 1. Regalárselo es una buena idea. 2. Se la voy a contar. / Voy a contársela. 3. Mario se la tiene que escribir. / Mario tiene que escribírsela. 4. Marcela se los está explicando. / Marcela está explicándoselos.

ANEXO

DAS ALFABET | El alfabeto

a	[ɑ]	j	[xota]	r	[erre]
b	[be]	k	[ka]	s	[ese]
c	[θe]	l	[ele]	t	[te]
ch	[tʃe]	ll	[eʎe]	u	[u]
d	[de]	m	[eme]	v	[uβe]
e	[e]	n	[ene]	w	[uβe doble]
f	[efe]	ñ	[eɲe]	x	[ekis]
g	[xe]	o	[o]	y	[iɣrjeɣa]
h	[atʃe]	p	[pe]	z	[θeta]
i	[i]	q	[ku]		

DIE ZEICHEN IM SATZ | Los signos de puntuación

Hola, Carmen**:**

Ayer recibí tu e**-**mail sobre tu viaje a Ale**m**ania**.**

¿Me pregunto por qué tu abuela te ha hecho una bufanda**?**

Ahora estamos en junio**;** no hace frío. **(**Aquí no hay nieve todo el año.**)**

Además, **¡**no te preocupes por la ropa**!** Mi madre siempre dice:

«Tienes ropa suficiente para todo un club de fútbol.**» …** Así que si

necesitas algo**,** yo te lo presto.

Nos vemos en Alemania.

Besos,

Juli**@**

la mayúscula

los dos puntos

la minúscula

el guión

el punto

los signos de interrogación

la tilde

el punto y coma

los paréntesis

los signos de exclamación

las comillas

los puntos suspensivos

la coma

la arroba

AUSSPRACHE UND BETONUNG | La pronunciación y la acentuación

1 Aussprache | La pronunciación

Die Aussprache ist im Spanischen sehr regelmäßig. Einige Buchstaben oder Buchstabenkombinationen werden aber anders ausgesprochen als im Deutschen.

Konsonanten

Barcelona, **V**alencia	mit ganz weichem **b**, das fast wie ein **w** klingt; bei der Aussprache ist zwischen beiden Konsonanten kein Unterschied zu hören
la **c**asa, **c**on, el **c**urso	vor **a**, **o** und **u** wie **k** in *kilo*
el **c**entro, de**c**ir	vor **e** und **i** wie **th** im englischen *bath*
charlar, el **ch**ico	wie **tsch** in *klatschen*
genial, ele**g**ir	vor **e** und **i** wie **ch** in *machen* – vor allen anderen Buchstaben wie ein deutsches **g**
el **g**ato	
el **h**ambre, el **h**elado	wird nicht ausgesprochen
el **j**amón, el **j**ueves	wie **ch** in *machen*
llamar, **ll**evar	wie **j** in *Jacke*
que	wie **k** in *kilo*
pe**r**o	wird gerollt
el pe**rr**o	wird länger gerollt als das einfache **r**
y, vo**y**	alleinstehend und am Wortende wie **i**
ya, desa**y**unar	am Wortanfang und im Wort wie **j** in *Jacke*
el **z**apato, el **z**umo	wie das englische **th** in *bath*

Vokale: Diphthonge

b**ie**n, tamb**ié**n	**I** und **e** bilden einen einsilbigen Doppellaut (Diphthong), wobei du das **e** betonen musst. **Ie** klingt dann wie **je** in *Jens*.
el **eu**ro, **Eu**ropa	**E** und **u** bilden einen einsilbigen Doppellaut (Diphthong), wobei du das **e** betonen musst. Das klingt dann ein bisschen wie *Dr**ehu**ng*.
b**ai**lar, b**ue**no, L**ui**s	**A**, **e** und **o** in Verbindung mit einem **i** oder **u** bilden einen Doppellaut (Diphthong) und werden als eine Silbe gesprochen. Die Verbindung von **i** und **u** wird ebenfalls als eine Silbe gesprochen.
el mus**eo**, el t**ea**tro	Alle anderen Vokalverbindungen bilden zwei Silben (mu-se-o, te-a-tro)

2 Betonung und Akzent | La acentuación

mo-men-to
di-cen
tra-ba-ja-mos

Wörter, die auf Vokal, **-n** oder **-s** enden, werden auf der vorletzten Silbe betont.

tra-ba-jar
vol-ver
a-rroz

Wörter, die auf Konsonant enden (außer **-n** und **-s**!) werden auf der letzten Silbe betont.

mó-vil
fá-cil
tam-bién

Gibt es einen Akzent, wird immer die Silbe betont, in der sich der Akzent befindet.

¡Qué palo!
¡Qué bueno!
¿Adónde vas?
¿Qué lees?
¿Cuándo vuelves?

¡Qué fácil! Ausrufewörter und Fragewörter haben immer einen Akzent!

pa-na-de-rí-a
rí-o

! Wenn **i** vor einem Vokal einen Akzent trägt, wird die Silbe als eine ganze Silbe gesprochen.

ja-món / ja-mo-nes
e-xa-men / e-xá-me-nes

! Bei einigen Wörtern fällt der Akzent im Plural weg oder es wird einer hinzugefügt.

fácil / fácilmente
difícil / difícilmente

! Bei den abgeleiteten Adverbien bleibt der Akzent des ursprünglichen Adjektivs erhalten.

DIE VERBEN | Los verbos

Hier findest du die Konjugationen oder Konjugationsmuster aller Verben, die du in **¡Apúntate! 1**, **¡Apúntate! 2** und **¡Apúntate! 3** gelernt hast.

1 Die Hilfsverben | Los verbos auxiliares

infinitivo	**ser**	**estar**	**haber**	
presente	**soy** **eres** **es** **somos** **sois** **son**	**estoy** **estás** **está** estamos estáis **están**	**he** **has** **ha** **hemos** habéis **han**	**hay**
pretérito indefinido	**fui** **fuiste** **fue** **fuimos** **fuisteis** **fueron**	**estuve** **estuviste** **estuvo** **estuvimos** **estuvisteis** **estuvieron**	**hube** **hubiste** **hubo** **hubimos** **hubisteis** **hubieron**	**hubo**
pretérito imperfecto	**era** **eras** **era** **éramos** **erais** **eran**	estaba estabas estaba estábamos estabais estaban	había habías había habíamos habíais habían	**había**
presente de subjuntivo	**sea** **seas** **sea** **seamos** **seáis** **sean**	**esté** **estés** **esté** estemos estéis **estén**	**haya** **hayas** **haya** **hayamos** **hayáis** **hayan**	**haya**
imperativo	**sé**, sed	**está**, estad		
gerundio	siendo	estando	habiendo	
participio	sido	estado	habido	

2 Die regelmäßigen Verben auf -ar/-er/-ir | Los verbos regulares en -ar/-er/-ir

infinitivo	**charlar**	**comer**	**vivir**
presente	charl**o** charl**as** charl**a** charl**amos** charl**áis** charl**an**	com**o** com**es** com**e** com**emos** com**éis** com**en**	viv**o** viv**es** viv**e** viv**imos** viv**ís** viv**en**
pretérito indefinido	charl**é** charl**aste** charl**ó** charl**amos** charl**asteis** charl**aron**	com**í** com**iste** com**ió** com**imos** com**isteis** com**ieron**	viv**í** viv**iste** viv**ió** viv**imos** viv**isteis** viv**ieron**
pretérito imperfecto	charl**aba** charl**abas** charl**aba** charl**ábamos** charl**abais** charl**aban**	com**ía** com**ías** com**ía** com**íamos** com**íais** com**ían**	viv**ía** viv**ías** viv**ía** viv**íamos** viv**íais** viv**ían**
presente de subjuntivo	charl**e** charl**es** charl**e** charl**emos** charl**éis** charl**en**	com**a** com**as** com**a** com**amos** com**áis** com**an**	viv**a** viv**as** viv**a** viv**amos** viv**áis** viv**an**
imperativo	charl**a**, charl**ad**	com**e**, com**ed**	viv**e**, viv**id**
gerundio	charl**ando**	com**iendo**	viv**iendo**
participio	charl**ado**	com**ido**	viv**ido**

! **tocar:** *pretérito indefinido:* to**qu**é, tocaste …
presente de subjuntivo: to**que**, to**ques** …
ebenso: **buscar**, **explicar**, **practicar**, **sacar**, **significar**

! **apagar:** *pretérito indefinido:* apag**u**é, apagaste …
presente de subjuntivo: apag**ue**, apag**ues** …
ebenso: **pagar**, **pegar**

! **cruzar:** *pretérito indefinido:* cru**c**é, cruzaste …
presente de subjuntivo: cru**ce**, cru**ces** …
ebenso: **organizar**

! **actuar:** *presente:* act**ú**o, act**ú**as, act**ú**a, act**ú**an
presente de subjuntivo: act**ú**e, act**ú**es, act**ú**e, act**ú**en
imperativo: act**ú**a

! **creer:** *pretérito indefinido:* cre**y**ó, cre**y**eron
gerundio: cre**y**endo

! **leer:** *pretérito indefinido:* le**y**ó, le**y**eron
gerundio: le**y**endo

! **recoger:** *presente:* reco**j**o, recoges…
presente de subjuntivo: reco**j**a, reco**j**as …
ebenso: **proteger**

! **salir:** *presente:* sal**g**o, sales …
imperativo: **sal**

! **reunir(se):** *presente:* (me) re**ú**no, (te) re**ú**nes, (se) re**ú**ne, (se) re**ú**nen
presente de subjuntivo: (me) re**ú**na, (te) re**ú**nas, (se) re**ú**na, (se) re**ú**nan
imperativo: re**ú**ne

! **abrir:** *participio:* **abierto**

! **escribir:** *participio:* **escrito**

! **descubrir:** *participio:* **descubierto**

Die Gruppenverben | Los grupos de verbos

3.1 Verbos con diptongación: e → ie

infinitivo	**pensar**	**entender**
presente	p**ie**nso p**ie**nsas p**ie**nsa pensamos pensáis p**ie**nsan	ent**ie**ndo ent**ie**ndes ent**ie**nde entendemos entendéis ent**ie**nden
pretérito indefinido	pensé pensaste pensó pensamos pensasteis pensaron	entendí entendiste entendió entendimos entendisteis entendieron
pretérito imperfecto	pensaba pensabas pensaba pensábamos pensabais pensaban	entendía entendías entendía entendíamos entendíais entendían
presente de subjuntivo	p**ie**nse p**ie**nses p**ie**nse pensemos penséis p**ie**nsen	ent**ie**nda ent**ie**ndas ent**ie**nda entendamos entendáis ent**ie**ndan
imperativo	p**ie**nsa, pensad	ent**ie**nde, entended
gerundio	pensando	entendiendo
participio	pensado	entendido

ebenso: **apretar**, **cerrar**, **nevar**, **sentarse**

! **empezar:** empe**c**é, empezaste …

! **fregar:** freg**u**é, fregaste …

ebenso: **defender**(**se**), **encender**, **perder**(**se**)

! **querer:** *pretérito indefinido:* **quise, quisiste** …

! **preferir:** *pretérito indefinido:* pref**i**rió, pref**i**rieron
presente de subjuntivo: pref**i**ramos, pref**i**ráis
gerundio: pref**i**riendo

ebenso: **divertir**(**se**), **sentir**(**se**)

3.2 Verbos con diptongación: o → ue

3.3 El verbo jugar: u → ue

infinitivo	**encontrar**	**mover**	**jugar**
presente	enc**ue**ntro enc**ue**ntras enc**ue**ntra encontramos encontráis enc**ue**ntran	m**ue**vo m**ue**ves m**ue**ve movemos movéis m**ue**ven	j**ue**go j**ue**gas j**ue**ga jugamos jugáis j**ue**gan
pretérito indefinido	encontré encontraste encontró encontramos encontrasteis encontraron	moví moviste movió movimos movisteis movieron	jugué jugaste jugó jugamos jugasteis jugaron
pretérito imperfecto	encontraba encontrabas encontraba encontrábamos encontrabais encontraban	movía movías movía movíamos movíais movían	jugaba jugabas jugaba jugábamos jugabais jugaban
presente de subjuntivo	enc**ue**ntre enc**ue**ntres enc**ue**ntre encontremos encontréis enc**ue**ntren	m**ue**va m**ue**vas m**ue**va movamos mováis m**ue**van	j**ue**g**u**e j**ue**g**u**es j**ue**g**u**e jug**u**emos jug**u**éis j**ue**gu**e**n
imperativo	enc**ue**ntra, encontrad	m**ue**ve, moved	j**ue**ga, jugad
gerundio	encontrando	moviendo	jugando
participio	encontrado	movido	jugado

ebenso: **acordarse**, **comprobar**, **contar**, **costar**, **mostrar**, **recordar**, **sonar**

! **colgar:** *pretérito indefinido:* colg**u**é, colgaste …
presente de subjuntivo: cuelg**u**e, cuelg**u**es …

ebenso: **doler**, **llover**

! **poder:** *pretérito indefinido:* **pude**, **pudiste** …

! **torcer:** tuer**z**o, tuerces …

! **volver:** *participio:* **vuelto**
ebenso: **devolver**, **envolver**, **resolver**(**se**)

! **dormir:** *pretérito indefinido:* d**u**rmió, d**u**rmieron
presente de subjuntivo: d**u**rmamos, d**u**rmáis
gerundio: d**u**rmiendo
ebenso: **morir**(**se**)
participio: **muerto**

3.4 Verbos con debilitación vocálica: e → i

3.5 Verbos del tipo conocer: c → zc

3.6 Verbos del tipo construir

infinitivo	**seguir**	**conocer**	**construir**
presente	s**i**go s**i**gues s**i**gue seguimos seguís s**i**guen	cono**zc**o conoces conoce conocemos conocéis conocen	constru**y**o constru**y**es constru**y**e construimos construís constru**y**en
pretérito indefinido	seguí seguiste s**i**guió seguimos seguisteis s**i**guieron	conocí conociste conoció conocimos conocisteis conocieron	construí construiste constru**y**ó construimos construisteis constru**y**eron
pretérito imperfecto	seguía seguías seguía seguíamos seguíais seguían	conocía conocías conocía conocíamos conocíais conocían	construía construías construía construíamos construíais construían
presente de subjuntivo	s**i**ga s**i**gas s**i**ga s**i**gamos s**i**gáis s**i**gan	cono**zc**a cono**zc**as cono**zc**a cono**zc**amos cono**zc**áis cono**zc**an	constru**y**a constru**y**as constru**y**a constru**y**amos constru**y**áis constru**y**an
imperativo	s**i**gue, seguid	conoce, conoced	constru**y**e, construid
gerundio	s**i**guiendo	conociendo	constru**y**endo
participio	seguido	conocido	construido

ebenso: **despedirse**, **pedir**, **repetir**, **servir**

! **elegir:** *presente:* eli**j**o, eli**g**es …
presente de subjuntivo: eli**j**a, eli**j***as* …

ebenso: **conocerse**, **crecer**, **nacer**, **ofrecer**, **parecer**

! **producir:** *pretérito indefinido:* **produje**, **produjiste** …

4 Die unregelmäßigen Verben | Los verbos irregulares

infinitivo	**decir**	**hacer**	**ir**	**saber**
presente	**digo** d**i**ces d**i**ce decimos decís d**i**cen	**hago** haces hace hacemos hacéis hacen	**voy** **vas** **va** **vamos** **vais** **van**	**sé** sabes sabe sabemos sabéis saben
pretérito indefinido	**dije** **dijiste** **dijo** **dijimos** **dijisteis** **dijeron**	**hice** **hiciste** **hizo** **hicimos** **hicisteis** **hicieron**	**fui** **fuiste** **fue** **fuimos** **fuisteis** **fueron**	**supe** **supiste** **supo** **supimos** **supisteis** **supieron**
pretérito imperfecto	decía decías decía decíamos decíais decían	hacía hacías hacía hacíamos hacíais hacían	**iba** **ibas** **iba** **íbamos** **ibais** **iban**	sabía sabías sabía sabíamos sabíais sabían
presente de subjuntivo	**diga** **digas** **diga** **digamos** **digáis** **digan**	**haga** **hagas** **haga** **hagamos** **hagáis** **hagan**	**vaya** **vayas** **vaya** **vayamos** **vayáis** **vayan**	**sepa** **sepas** **sepa** **sepamos** **sepáis** **sepan**
imperativo	**di**, decid	**haz**, haced	**ve**, id	sabe, sabed
gerundio	d**i**ciendo	haciendo	**yendo**	sabiendo
participio	**dicho**	**hecho**	ido	sabido
			ebenso: **irse**	

infinitivo	**venir**	**ver**	**caerse**	**dar**
presente	**vengo** v**ie**nes v**ie**ne venimos venís v**ie**nen	**veo** ves ve vemos v**e**is ven	me ca**ig**o te caes se cae nos caemos os caéis se caen	**doy** das da damos d**a**is dan
pretérito indefinido	**vine** **viniste** **vino** **vinimos** **vinisteis** **vinieron**	v**i** viste vi**o** vimos visteis vieron	me caí te ca**í**ste se ca**y**ó nos ca**í**mos os ca**í**steis se ca**y**eron	**di** **diste** **dio** **dimos** **disteis** **dieron**
pretérito imperfecto	venía venías venía veníamos veníais venían	**veía** **veías** **veía** **veíamos** **veíais** **veían**	me caía te caías se caía nos caíamos os caíais se caían	daba dabas daba dábamos dabais daban
presente de subjuntivo	**venga** **vengas** **venga** **vengamos** **vengáis** **vengan**	**vea** **veas** **vea** **veamos** **veáis** **vean**	**me caiga** **te caigas** **se caiga** **nos caigamos** **os caigáis** **se caigan**	d**é** des d**é** demos d**e**is den
imperativo	**ven**, venid	ve, ved	cáete, caeos	da, dad
gerundio	v**i**niendo	v**i**endo	ca**y**endo	dando
participio	venido	**visto**	caído	dado

ebenso: **provenir**

infinitivo	**oír**	**poner**	**reír**	**traer**	**tener**
presente	**oigo** o**y**es o**y**e o**í**mos o**í**s o**y**en	**pongo** pones pone ponemos ponéis ponen	r**í**o r**í**es r**í**e re**í**mos reís r**í**en	**traigo** traes trae traemos traéis traen	**tengo** t**ie**nes t**ie**ne tenemos tenéis t**ie**nen
pretérito indefinido	oí o**í**ste o**y**ó o**í**mos o**í**steis o**y**eron	**puse** **pusiste** **puso** **pusimos** **pusisteis** **pusieron**	reí re**í**ste r**io** re**í**mos re**í**steis r**i**eron	**traje** **trajiste** **trajo** **trajimos** **trajisteis** **trajeron**	**tuve** **tuviste** **tuvo** **tuvimos** **tuvisteis** **tuvieron**
pretérito imperfecto	oía oías oía oíamos oíais oían	ponía ponías ponía poníamos poníais ponían	reía reías reía reíamos reíais reían	traía traías traía traíamos traíais traían	tenía tenías tenía teníamos teníais tenían
presente de subjuntivo	**oiga** **oigas** **oiga** **oigamos** **oigáis** **oigan**	**ponga** **pongas** **ponga** **pongamos** **pongáis** **pongan**	r**í**a r**í**as r**í**a r**i**amos r**i**ais r**í**an	**traiga** **traigas** **traiga** **traigamos** **traigáis** **traigan**	**tenga** **tengas** **tenga** **tengamos** **tengáis** **tengan**
imperativo	o**y**e, o**í**d	**pon**, poned	r**í**e, re**í**d	trae, traed	**ten,** tened
gerundio	o**y**endo	poniendo	**riendo**	tra**y**endo	teniendo
participio	o**í**do	**puesto**	re**í**do	tra**í**do	tenido
		ebenso: **ponerse**, **proponer**	*ebenso:* **sonreír**		*ebenso:* **entretener**

GRAMMATISCHE BEGRIFFE

el	**adjetivo**	Eigenschaftswort; Adjektiv	**grande, bueno/-a, interesante**
el	**adverbio**	Adverb	cantar **bien, enormemente** caro
el	**artículo determinado**	bestimmter Artikel	**el** móvil, **las** chicas
el	**artículo indeterminado**	unbestimmter Artikel	**un** chico, **una** amiga, **unas** gafas
	cantidades	Mengenangaben	**un poco de** arroz, **un litro de** leche
la	**colocación**	Stellung	
el	**comparativo**	Komparativ	**más** alegre **que, menos** alto **que**
el	**complemento directo**	direktes Objekt; Akkusativobjekt	Veo **la casa**. Elena busca **a Pedro**.
el	**complemento indirecto**	indirektes Objekt; Dativobjekt	Le escribo **a Juan**.
la	**conjunción**	Konjunktion; Bindewort	**y, pero, porque**
la	**consonante**	Mitlaut; Konsonant	**b, c, l, r**
la	**construcción pasiva**	unpersönliche Konstruktion	**Se vende.**
el	**determinante**	Begleiter	**mucho** dinero, **ese** libro
el	**determinante demostrativo**	hinweisender Begleiter; Demonstrativbegleiter	**este** chico, **esa** chica
el	**determinante indefinido**	unbestimmter Begleiter; Indefinitbegleiter	**mucho** dinero, **poca** comida
la	**determinante posesivo**	besitzanzeigender Begleiter; Possessivbegleiter	**mi** hermano, **nuestro** colegio
el	**diminutivo**	Verkleinerungsform	el gat**ito**, la llave**cita**
el	**diptongo**	Doppellaut; Diphthong	b**ue**no, b**ai**lar
el	**estilo indirecto**	indirekte Rede	**Dice que** no puede venir.
	femenino	feminin; weiblich	**la** chic**a**
la	**forma irregular**	unregelmäßige Form	**voy**
la	**forma regular**	regelmäßige Form	**hablo**
la	**frase relativa**	Relativsatz	El pastel **que está en la mesa.**
el	**futuro inmediato**	unmittelbares Futur	**Voy a** estudiar.
el	**género**	Geschlecht; Genus	**la** chic**a**, **el** móvil
el	**gerundio**	Verlaufsform	**trabajando, escribiendo**
el	**imperativo**	Befehlsform; Imperativ	¡**Trabaja**!, ¡**Trabajad**!
el	**imperativo negativo**	verneinter Imperativ	¡**No hables**!
los	**indicadores temporales**	Zeitangaben	**hasta** las cuatro, **durante** el día
el	**indicativo**	Indikativ (Modus, Aussageweise)	**hablo, comemos, vas**
el	**infinitivo**	Grundform (des Verbs); Infinitiv	**llegar, comer, vivir**
	masculino	maskulin; männlich	**el** trabaj**o**
la	**negación**	Verneinung	**No** trabaja. **No** pasa **nada.**
el	**número ordinal**	Ordnungszahl	el **primer** día, la **cuarta**
la	**oración condicional**	Bedingungssatz	**Si** hace buen tiempo, voy a salir.
la	**oración relativa**	Relativsatz	La chica **que entra.**
el	**participio**	Partizip	**trabajado, hecho**

el **plural**	Mehrzahl; Plural	**los** amigo**s**, **las** casa**s**
la **preposición**	Verhältniswort; Präposition	**a**, **de**, **para**, **delante de**
el **pretérito imperfecto**	Imperfekt	**hablaba**, **había**
el **pretérito indefinido**	Indefinido (Vergangenheitsform)	**trabajé**, **comieron**
el **pretérito perfecto**	Perfekt	**he trabajado**, **han estado**
el **pretérito pluscuamperfecto**	Plusquamperfekt	**habíamos olvidado**
el **presente**	Gegenwart; Präsens	Hoy, ella **escribe** una carta.
el **pronombre de complemento directo**	direktes Objektpronomen; „Akkusativpronomen"	¿Y Ana? No **la** veo.
el **pronombre de complemento indirecto**	indirektes Objektpronomen; „Dativpronomen"	Ana **le** escribe a Puri.
el **pronombre interrogativo**	Fragewort; Interrogativpronomen	¿**Dónde** vives? ¿**Cuánto** dinero tienes?
el **pronombre personal**	Personalpronomen	**yo**, **tú**, **nosotros/-as**
e **pronombre posesivo**	Possessivpronomen	**(el) mío**, **(los) suyos**, **(la) vuestra**
el **pronombre personal**	Subjektpronomen	**yo**, **tú**, **nosotros/-as**
el **pronombre reflexivo**	Reflexivpronomen	**me** quejo, **nos** acordamos
el **pronombre relativo**	Relativpronomen	**que**
el **singular**	Einzahl; Singular	**una** herman**a**, **un** profes**or**
el **subjuntivo**	Subjuntivo (Modus, Aussageweise)	**hables**, **comamos**, **vayas**
el **superlativo**	Superlativ	**el** chico **más alto**
el **superlativo absoluto**	absoluter Superlativ	una ciudad **grandísima**
el **sustantivo**	Nomen; Substantiv	el **hermano**
el **verbo**	Zeitwort; Verb	**comer**, **estudiar**
el **verbo auxiliar**	Hilfsverb	**haber**, **ser**, **estar**
el **verbo modal**	Modalverb	**poder** hablar, **tener que** estudiar
el **verbo reflexivo**	reflexives Verb; rückbezügliches Verb	**sentarse**, **irse**
la **vocal**	Selbstlaut; Vokal	**a**, **e**, **i**, **o**, **u**

INDEX | Índice

¡Apúntate! 3
Lehrwerk für Spanisch als zweite Fremdsprache
Grammatikheft

Im Auftrag des Verlages erarbeitet von
Joachim Balser

und der Redaktion Fremdsprachen in der Schule:
Nadine Stephan

Projektleitung: Heike Malinowski

Beratende Mitwirkung: Dr. Barbara Köberle

Illustrationen: Joachim Balser
Umschlagfoto: gettyimages © Lockyer
Gesamtgestaltung und technische Umsetzung: werkstatt für gebrauchsgrafik, Berlin

Materialien zu ¡Apúntate! 3:
Schülerbuch ISBN 978-3-06-020579-0
Vokabeltaschenbuch ISBN 978-3-06-020585-1
Cuaderno de ejercicios ISBN 978-3-06-020580-6
Audio-CD ISBN 978-3-06-020583-7
Handreichungen für den Unterricht ISBN 978-3-06-020584-4
Folien ISBN 978-3-06-020604-9

www.cornelsen.de

1. Auflage, 4. Druck 2015

Druck: Stürtz GmbH, Würzburg

ISBN 978-3-06-020582-0